AF349868

CATALOGUE

DES

ŒUVRES IMPORTANTES

DE

CH. CHAPLIN

Trois superbes plafonds

SUJETS MYTHOLOGIQUES ET ALLÉGORIQUES

DÉCORATION DE BOUDOIR

Deux panneaux et trois dessus de portes

DONT LA VENTE AURA LIEU

Par suite du décès de M. B***

HOTEL DROUOT, SALLE N° 1

Le Lundi 29 Novembre 1886

A QUATRE HEURES

Mᵉ GUSTAVE COULON	**M. A. BLOCHE**
COMMISSAIRE-PRISEUR	EXPERT
56, Faubourg-Montmartre, 56	23, rue Chauchat, 23

EXPOSITIONS

PARTICULIÈRE	PUBLIQUE
Le Samedi 27 Novembre 1886	Le Dimanche 28 Novembre 1886

DE 1 HEURE A 5 HEURES

NOTA. — *Jusqu'au 26 novembre, ces œuvres de Chaplin seront exposées et visibles dans la galerie J. Duval, 13, boulevard de la Madeleine, au premier étage.*

CONDITIONS DE LA VENTE

Elle sera faite au comptant.

Les acquéreurs payeront en sus des enchères *cinq pour cent*, applicables aux frais.

Paris. — Imp. de l'Art. E. MÉNARD et J. AUGRY
41, rue de la Victoire, 41

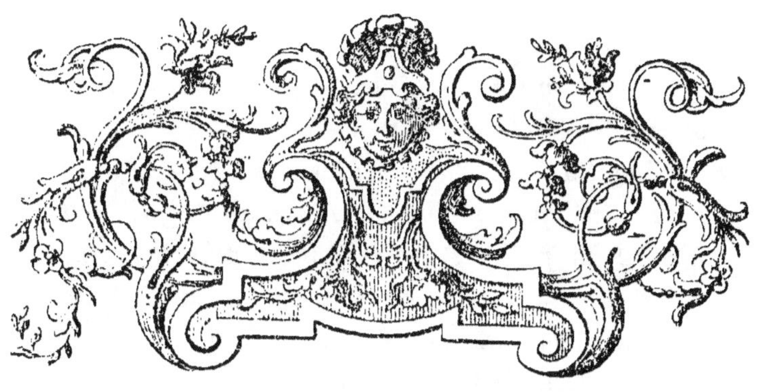

AVANT-PROPOS

L'importance de ces œuvres et le nom de leur
auteur nous font un devoir de les signaler tout
particulièrement à l'attention des amateurs.

Il a fallu le décès de l'homme de goût qui les
avait justement appréciées pour qu'elles soient
offertes prochainement aux enchères? Depuis
combien de temps avons-nous vu paraître en vente
publique des œuvres de cette qualité et empreintes
d'autant de charme? Quelles allégories plus gra-
cieuses et plus faciles à placer peut-on chercher

pour couronner la décoration de salons ou de boudoirs XVIII⁰ siècle ?

Chaplin, qui dans toutes ses œuvres nous révèle les faveurs dont les Muses prodigues ont inspiré sa palette, fut-il jamais plus heureux qu'en caressant cette Nuit rêveuse ? La légèreté de touche, la maëstria avec laquelle il a dessiné, vivifié cette femme adorable qui sommeille, esquissé le sourire de sa pensée ou de son rêve qui se reflète sur son visage, et cet amour qui la berce comme cette nymphe qui la contemple, le charme incontestable qu'il a répandu dans son œuvre, marquent une des étapes glorieuses de la vie du maître.

Et quelle place lui assigne parmi nos plus grands peintres décorateurs cette composition si importante : le Triomphe de Flore !

Comme il les a gracieusement groupées au milieu des amours et des fleurs, ses nymphes aux corps souples, aux chairs roses, aux visages radieux, qui symbolisent aussi bien la jeunesse avec toutes ses séductions !

Et n'est-ce pas en vérité la Bonne Saison que nous représente le troisième plafond, avec les amours de l'Olympe et les fruits de la terre ?

*Des amours aussi prennent leurs ébats, se diver-
tissent dans cette décoration de boudoir destinée
jadis à une des plus jolies femmes de l'époque.*

*Les amateurs voudront-ils bien nous permettre
de leur faire remarquer qu'après la vente de ces
œuvres de Chaplin ils auront peut-être longtemps
à attendre pour en retrouver de comparables ?
Heureux, osons-nous dire, seront les privilégiés
qui en enrichiront leurs demeures.*

ARTHUR BLOCHE.

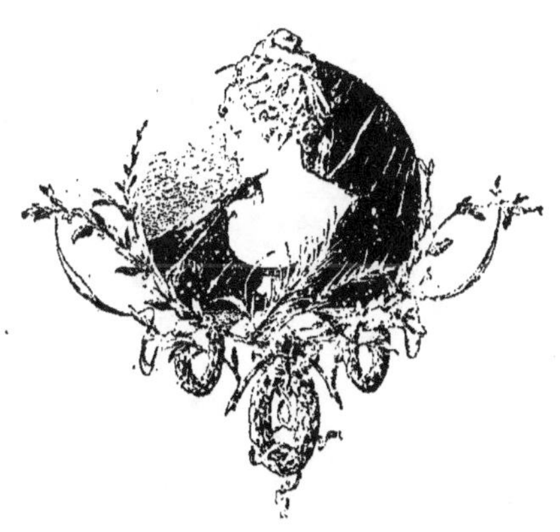

DÉSIGNATION

CH. CHAPLIN

1 — La Nuit.

Elle est représentée sous les traits d'une jeune femme qui sommeille, souriant aux plus doux rêves sans doute, bercée par l'Amour qui l'enlève dans un nuage et contemplée par une nymphe qui soulève délicatement un voile de gaze.

Signé : Ch. Chaplin.

Plafond rond. Diam., 2 m. 33 cent.

2 --- Le Triomphe de Flore.

Portées par les nuages, les nymphes célèbrent le triomphe du Printemps; les unes répandent des fleurs ou tiennent gracieusement des guirlandes de roses. Une autre chante en tirant des accords de sa lyre, et tout autour des amours prennent leurs ébats.

Deux importantes compositions ne formant qu'un sujet.

Plafond de forme ovale, à contours.

Signé : CH. CHAPLIN.

Long., 6 m. 5 cent.; larg., 3 m. 95 cent.

3 — La Bonne Saison.

Des amours dans les nuages tiennent des guirlandes de fruits et renversent des corbeilles.

Plafond.

Signé : CH. CHAPLIN.

Long., 3 m. 80 cent.; larg., 2 m. 40 cent.

4 — Les Travaux et les Divertissements des Amours.

Charmante décoration de boudoir composée de deux panneaux et trois dessus de portes en camaïeu rose.

Signés : Cʜ. Cʜᴀᴘʟɪɴ.

Panneaux : haut., 2 m. 40 cent. ; larg., 1 mètre.

Dessus de portes : haut., 48 cent.; larg., 85 cent.

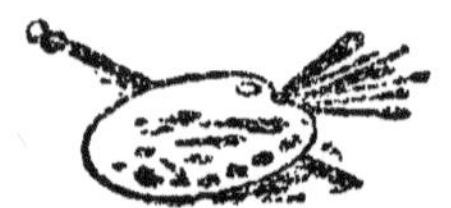